ALICE OSEMAN

HEARTSTOPPER

Tom 3

Przełożyła: Natalia Mętrak-Ruda

Tytuł oryginału: *Heartstopper: Volume Three*

Skład i łamanie: Robert Majcher
Opracowanie graficzne polskiej okładki: Magdalena Zawadzka/Aureusart

Uwaga! W książce znajdują się przedstawienia napaści fizycznej i słownej homofobii.

ISBN 978-83-8266-080-7

Wydanie pierwsze, Wydawnictwo Jaguar, Warszawa 2022

Adres do korespondencji:
Wydawnictwo Jaguar Sp. z o.o.
ul. Ludwika Mierosławskiego 11a
01-527 Warszawa

www.wydawnictwo-jaguar.pl
instagram.com/wydawnictwojaguar
facebook.com/wydawnictwojaguar
tiktok.com/@wydawnictwojaguar
twitter.com/WydJaguar

Druk i oprawa: Read Me
Wydrukowano na papierze Creamy 80 g, dostarczonym przez ZiNG Sp. z o.o.

SPIS TREŚCI

* Nie znasz jeszcze tej historii? Rozdziały 1 i 2 przeczytasz w TOMIE 1, a rozdział 3 w TOMIE 2!

Niedziela, 23 maja

No więc... powiedziałem mamie, że jestem biseksualny.

Wszystko stało się tak szybko... Ale też strasznie dużo się wydarzyło. Ledwie dwa miesiące temu pocałowaliśmy się z Charliem po raz pierwszy

(i drugi), potem zaczęliśmy ze sobą chodzić (tzn.

CAŁOWAĆ SIĘ DUŻO WIĘCEJ),

a ja przez pewien czas zastanawiałem się nad swoją seksualnością... Której wciąż tak do końca nie rozumiem! Seksualność jest SKOMPLIKOWANA. Ale słowo „biseksualny" brzmi OK. ☺

Jesteś wspaniały

Sprawdziłem, co oznacza „bi- seksualny".

Teraz oficjalnie jestem jego chłopakiem.
Wspaniale jest móc powiedzieć to głośno.

MAM CHŁOPAKA!!!!

(i jest wspaniały 🖤)

Uznaliśmy, że możemy zacząć o wszystkim
mówić naszym kolegom ze szkoły, ale... jak to
zrobić? Nikt nie wie nawet, że lubię chłopaków.
A kiedy Charlie został w zeszłym roku
wyoutowany, okropnie go nękano.

Może lepiej będzie jeszcze przez jakiś czas
trzymać wszystko w tajemnicy...

4. OUT

Klasy 10/11 Truham-Higgs
Wycieczka do Paryża
28 czerwca – 4 lipca
CHARLES SPRING
JANE & JULIO SPRING
Ja, niżej podpisany/a (rodzic/opiekun) udzielam
ozwolenia, by moje dziecko wzięło udział
wycieczce do Paryża szkół Truham-Higgs
mach przygotowania do egzaminu GCSE.
zam opłatę w wysokości 100£,
Imię i nazwisko: JANE SPRING
Podpis:
Bardzo proszę. Wszystko podpisane.
Dzięki!
Yhm... Jest coś jeszcze, o czym chciałbym z wami pogadać...
MNIAM

Nie sądziliście, że jest gejem?
No wiesz... to taki wysportowany, chłopacki typ!
Bycie gejem nie ma z tym nic wspólnego! A poza wszystkim on jest biseksualny!
...

CZERWIEC

TYDZIEŃ PÓŹNIEJ

CAŁUS

CAŁUS

To zawsze mogę dla ciebie zrobić.

O co chodziło?

658

NASTĘPNEGO RANKA...

SIADA

...Nick? Wszystko OK?

Nie wyspałem się.

663

665

670

671

676

677

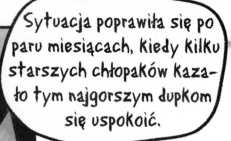

Sytuacja poprawiła się po paru miesiącach, kiedy kilku starszych chłopaków kazało tym najgorszym dupkom się uspokoić.

Potem wszyscy jakby zaczęli się budzić i zdawać sobie sprawę, że jestem prawdziwym człowiekiem i mam swoje uczucia.

Tyle że zdążyli mnie już skrzywdzić.

To dlatego mówienie o nas tak cię stresuje.

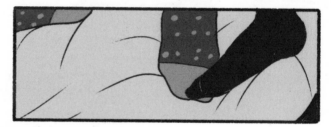

696

698

 Przepraszam, miałem do ciebie napisać!!!

Mój brat zachowuje się jak dupek, nie daje mi spokoju

Lepiej będzie, jeśli nie będziesz tu przychodził, póki nie wróci na uczelnię

 To moja wina, że nie powiedziałem mu wcześniej

 Nie! Skoro nie chciałeś, nie powinieneś czuć się zmuszony

 Pewnie prędzej czy później i tak by się dowiedział. Powinienem zadzwonić do taty i jemu też powiedzieć

 Nie musisz! Zrobisz to, kiedy będziesz gotowy!

 Chcę, żeby dowiedział się o tobie! Poza tym to ja powinienem mu powiedzieć, nie David

😟😟😟

Sorry, to wszystko moja wina

Nie powinienem cię pospieszać ani na ciebie naciskać

Charlie, to NIE twoja wina!!!!!!

Coming out jest TRUDNY i SKOMPLIKOWANY, prawda???

I nie da się tego zrobić za jednym zamachem! I nie zawsze się udaje! Czasem pewnie w ogóle się nie wydarza! Coming out przed mamą był super, ale nie liczyłem na to, że ze wszystkimi tak będzie! No i to nie TWOJA wina! Chcę, żeby ludzie wiedzieli, kim jestem, i że jesteś moim chłopakiem, i wiem, że nie każdemu się to spodoba, ale jestem na to gotowy. Pewnie będziemy musieli się outować jeszcze setki razy!

Czasem jest mi trudno, ale naprawdę wszystko jest OK

i jest tego warte

719

Wiem, że Tao to jeden z twoich najlepszych przyjaciół. Ale jeśli uważasz, że to nie jest dobra pora, żeby mu powiedzieć...

Z tobą było inaczej, bo zostałeś wyoutowany i nie miałeś nad tym kontroli. Teraz już masz.

...nie musisz.

Panuje takie przekonanie, że jeśli nie jesteś hetero, MUSISZ od razu powiedzieć o wszystkim rodzinie i przyjaciołom, jakbyś był im coś winien. Ale to nieprawda. Nie musisz nic robić, póki nie będziesz gotowy.

727

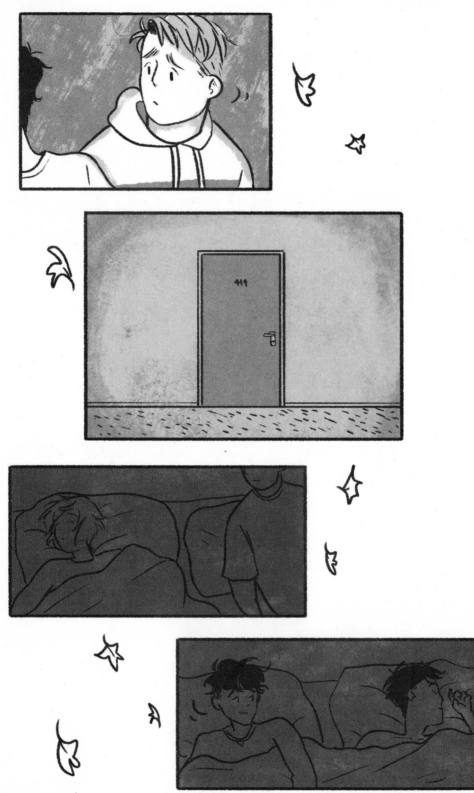

Paryż – Dzień 2

746

750

751

757

Oui, monsieur?
Combien pour deux boules de glace?
Cinq euros.
Ah... alors... je pourrais avoir deux boules de glace s'il vous plait?
I ♥ PARIS
Quels parfums?
Uhh... au chocolat et... à la vanille
D'accord.
Vous êtes anglais?
Oui!
O rany!
C'est pas vrai! Votre accent est incroyable.
Ah merci!
Od KIEDY mówisz po francusku jak prawdziwy Francuz?
Yyy... mój tata jest Francuzem.
OD KIEDY?
No... od urodzenia?

Darcy była już wyoutowana. Spotykałyśmy się jakiś czas i część naszych przyjaciół o wszystkim wiedziała. Ale inni ludzie też zaczęli się domyślać.

W naszej szkole słowa „lesbijka" ciągle używało się jako obelgi. Pewnie sama kiedyś go użyłam.

Byłyśmy przerażone.

Doszłyśmy do momentu, w którym zrozumiałyśmy, że wiemy, kim jesteśmy, niezależnie od tego, co mówią i myślą inni ludzie.

Że i tak się kochamy.

Okeeeej... ale czy nie przyszło ci do głowy, żeby powiedzieć jej, co czujesz?

Nic nie rozumiesz.

Elle jest najwspanialszą osobą na świecie.

Strasznie dużo przeszła. Przyjaźniłem się z nią już wtedy, kiedy wyoutowała się jako osoba trans i uwierz mi, że to nie był fajny czas.

Bardzo wiele przeszła, a teraz wreszcie może być sobą wśród nowych przyjaciół w nowej szkole.

Ostatnim, czego jej trzeba, jest to, żebym zniszczył naszą przyjaźń.

781

Paryż - dzień 3

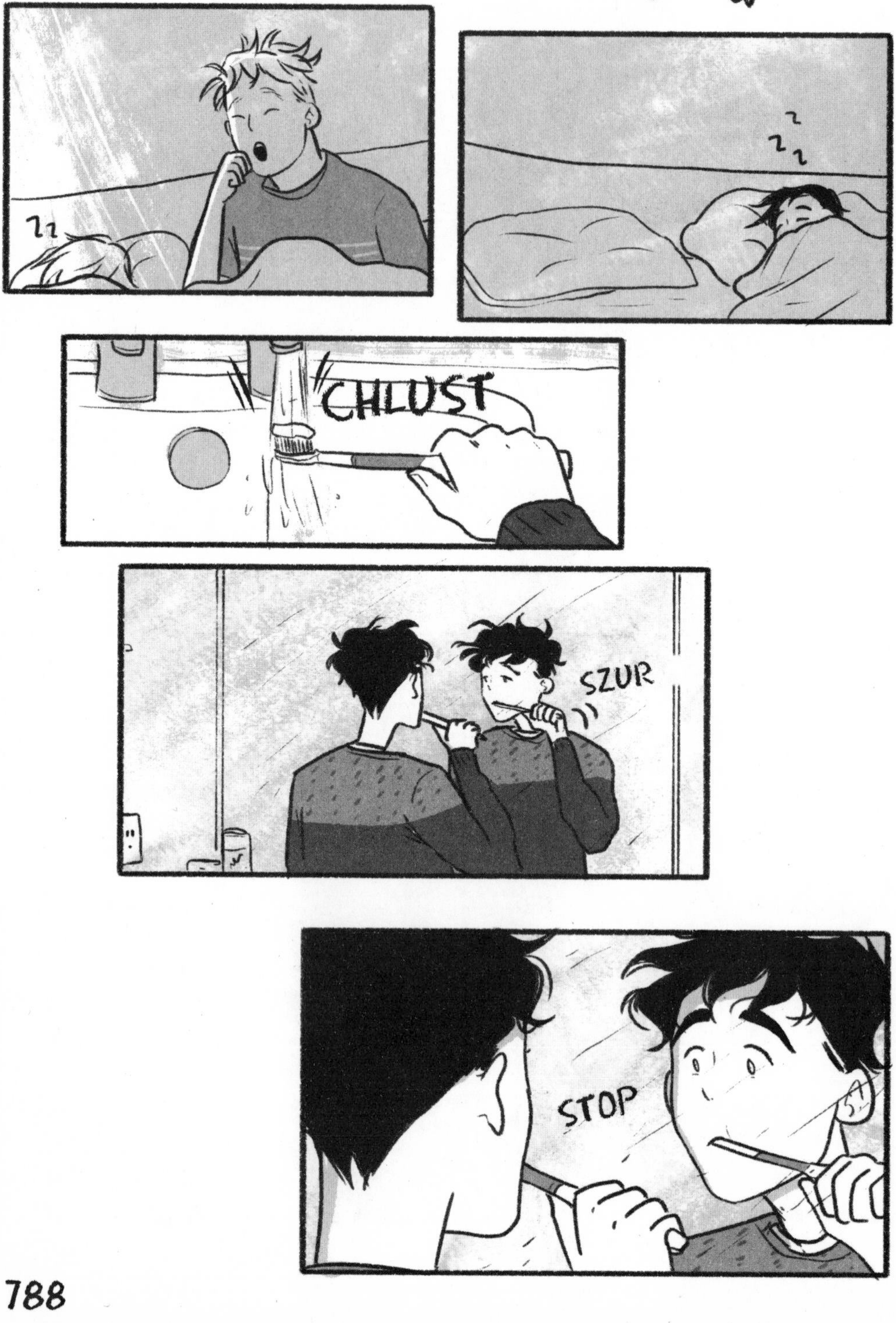

O Kur-
wa.

Tata

Poniedziałek 16:25

Je suis arrivé à Paris! Mama powiedziała, że możesz się tu ze mną spotkać.

D'accord. Pas encore sûr. Je te tiens au courant. 😊

Wczoraj 20:25

To co, tato, spotkamy się? 😕
Muszę wiedzieć już!

Przeczytane wczoraj 21:43

Kurwa.
Kurwa. Kurwa. Kurwa.
Char? Co jest?
Co się stało?
Ej... co się stało?

Paryż - Dzień 4

823

Czasem nic mi nie jest. Ale czasem... mam poczucie, że muszę to kontrolować.
W zeszłym roku, kiedy w szkole było do dupy, ciągle to robiłem.
Nie wiem, czemu tak jest. Nie wiem, czemu tak bardzo się wszystkim stresuję i dołuję. A jedzenie... Czasem wydaje mi się, że tylko to jestem w stanie kon-trolować.
Przepraszam... wiem, że to nie ma żadnego sensu. Nie wiem, czemu to mówię.

833

843

Paryż - Dzień 5

Tara Jones + 39 innych osób

Tara Jones
Imprezka u mnie w pokoju od 21! Pokój 417!!! Wszyscy są zaproszeni 😊 Możecie przyjść w piżamie!

Darcy Olsson
PROSZĘ, PRZYNIEŚCIE COŚ DO JEDZENIA. NAJLEPIEJ PRINGLESY

mam też wódkę 🤘

Katie Lee
Jeeeee będziemy!

Tom Jaeger
NIE MOGĘ SIĘ DOCZEKAĆ

Aleena Bukhsh
omg darcy skąd wzięłaś wódkę

Darcy Olsson
mam swoje sposoby

Jared Lambe
JEEEEE NARĄBIEMY SIĘ

Charlie Spring
będziemy!!!!!

Nick! Co ty ro...
PRZECHYŁ
ŁUP
Hej!
No chodź! Przecież idziemy do Tary, prawda?

888

895

911

No weeeeź, to nie jest odpowiedź!
To zbyt osobiste! Ktoś może zostać wyoutowany!
Tak!
Po co bawić się w „Prawdę czy wyzwanie", skoro można nie odpowiadać?
Przecież zachowamy to w tajemnicy!
Czy KTOŚ mógłby zadać inne pytanie?
SPRZECZKA
SPRZECZKA
SPRZECZKA
Ja wiem, kto to był.

O Boże!!! Wiedziałam!
Serio? Od jak dawna?
Nie mów tak, to niegrzeczne!
Parę dni temu mówiliśmy właśnie...
Ciii.
Nick, nie wiedziałem, że jesteś gejem!
Tak naprawdę jestem bi, ale spoko.
Aaa, jesteście razem tacy słodcy!
yyy... dzięki?
Od paru miesięcy.
To niesamowite, nie zgadłabym, że Nick jest gejem.
Zrobiłeś z niego geja?
Yyy, nie, poza tym jest bi.
To dlatego nie chciałeś pocałować Jamesa!
Chcecie, żebyśmy utrzymali to w sekrecie?

Nie przeszkadza nam, jeśli inni się dowiedzą.

I tak aż tak bardzo tego nie ukrywaliśmy.

Ekhem.

Głupio mi przerywać ten niezwykle uroczy moment, ale...

924

Skoro ten pokój jest dzisiaj tylko nasz...

943

944

945

ŁYK

No dobra... Chyba powinienem pójść do recepcji i poprosić o świeżą pościel.

TRZASK

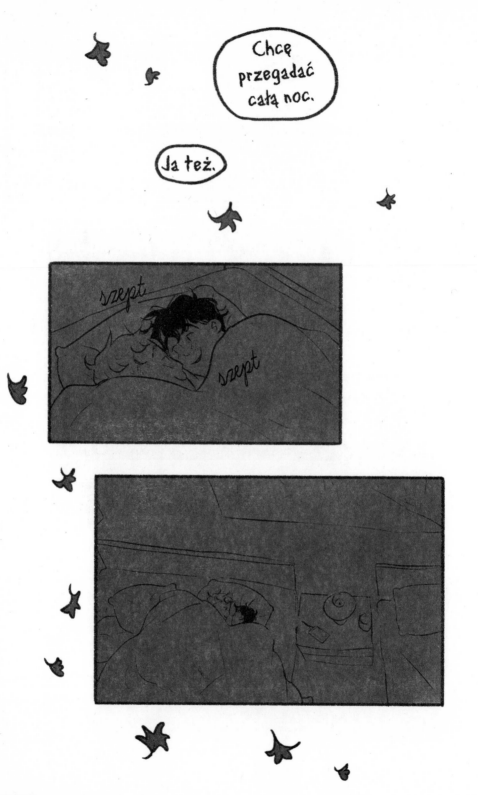

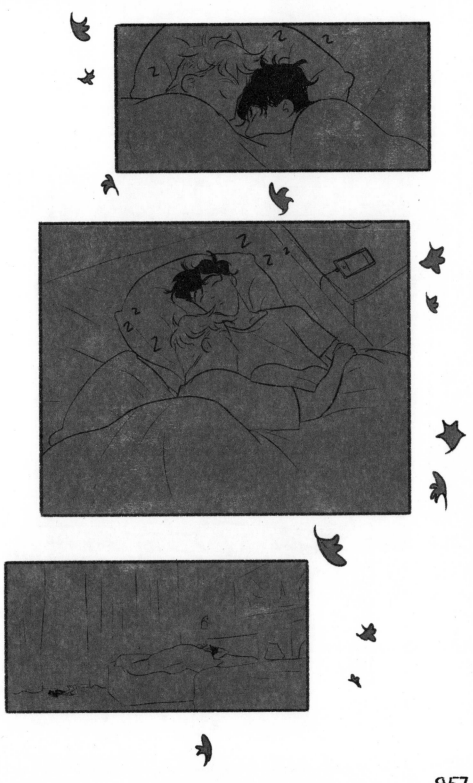

957

STUK

zaburzenia odżywiania

STUK

WCISK

Ciąg dalszy nastąpi
w tomie 4!

Więcej przeczytasz w sieci:
heartstoppercomic.tumblr.com
tapas.io/series/heartstopper

<u>Niedziela, 27 czerwca</u>

Jutro jadę na cały tydzień do PARYŻA.
♡ Miasta miłości ♡
OK. To głupie. Ale i tak się jaram!!!

Moi kumple z klasy nie jadą, ale przez
ten tydzień będę się <u>cały czas widywał</u>
z Charliem, a to znaaaacznie lepsze niż
siedzenie w domu po egzaminach. Bardzo
lubię przyjaciół Charliego, więc cieszę się,
że będę mógł ich lepiej poznać.

Najbardziej cieszę się na wycieczkę
na wieżę Eiffla. Zawsze mi się wydawało,
że pójście tam z osobą, którą się ~~kocha~~
~~lubi~~ kocha, i cykanie słodkich fotek musi
być superromantyczne. ☺

bardzo słaby
rysunek wieży →
Eiffla

27/6

Właśnie skończyłem się pakować na jutrzejszą
wycieczkę do Paryża!!! Czekam na nią od tak
daaaawna – przez cały tydzień będę tylko
zwiedzał i bawił się z przyjaciółmi. JEEEJ!

A poza tym będziemy spać z Nickiem w jednym
pokoju! Wiem, że nie będziemy się mogli całować
ani zachowywać jak para przy tych wszystkich
ludziach, ale mam nadzieję, że przynajmniej
będziemy mogli spać obok siebie albo przez całą
noc gadać o głupotach...

I, TAK, powiem o nas Tao. Chcę, żeby wiedział.
Chociaż pewnie wkurzy się na mnie strasznie,
że nie powiedziałem mu do tej pory.

DAM RADĘ.

IMIĘ I NAZWISKO: CHARLES „CHARLIE" SPRING

KIM JESTEŚ? CHŁOPAKIEM NICKA

KLASA: 10   **WIEK:** 15

URODZINY: 27 KWIETNIA

MBTI (TYP OSOBOWOŚCI): ISTP

CIEKAWOSTKA: Uwielbiam czytać!

IMIĘ I NAZWISKO: Nicholas „Nick" Nelson

KIM JESTEŚ? Chłopakiem Charliego

KLASA: 11   **WIEK:** 16

URODZINY: 4 września

MBTI (TYP OSOBOWOŚCI): ESFJ

CIEKAWOSTKA: Bardzo dobrze gotuję

IMIĘ I NAZWISKO: Tao Xu

KIM JESTEŚ? Przyjacielem Charliego

KLASA: 10   **WIEK:** 15

URODZINY: 23 września

MBTI (TYP OSOBOWOŚCI): ENFP

CIEKAWOSTKA: Mój ulubiony film to „Dzikie Łowy"

IMIĘ I NAZWISKO: Victoria „Tori" Spring

KIM JESTEŚ? Siostrą Charliego

KLASA: 11   **WIEK:** 16

URODZINY: 5 kwietnia

MBTI (TYP OSOBOWOŚCI): INFJ

CIEKAWOSTKA: Nienawidzę większości rzeczy

IMIĘ I NAZWISKO: Elle Argent

KIM JESTEŚ? Przyjaciółką Charliego

KLASA: 11   **WIEK:** 16

URODZINY: 4 MAJA

MBTI (TYP OSOBOWOŚCI): ENTJ

CIEKAWOSTKA: Lubię sama szyć swoje ubrania

IMIĘ I NAZWISKO: Tara Jones

KIM JESTEŚ? Dziewczyną Darcy

KLASA: 11   **WIEK:** 16

URODZINY: 3 lipca

MBTI (TYP OSOBOWOŚCI): INFP

CIEKAWOSTKA: Chodziłam na zajęcia dla mażoretek

IMIĘ I NAZWISKO: Darcy Olsson

KIM JESTEŚ? Dziewczyną Tary

KLASA: 11   **WIEK:** 16

URODZINY: 9 stycznia

MBTI (TYP OSOBOWOŚCI): ESFP

CIEKAWOSTKA: w ramach wyzwania zjadłam kiedyś cały słoik musztardy

IMIĘ I NAZWISKO: Aled Last

KIM JESTEŚ? Przyjacielem Charliego

KLASA: 10   **WIEK:** 14

URODZINY: 15 sierpnia

MBTI (TYP OSOBOWOŚCI): INFJ

CIEKAWOSTKA: Chciałbym mieć swój podcast

IMIĘ I NAZWISKO:
Harry Greene
KIM JESTEŚ?
Kolegą Nicka z klasy

IMIĘ I NAZWISKO:
David Nelson
KIM JESTEŚ?
Bratem Nicka

IMIĘ I NAZWISKO:
Sahar Zahid
KIM JESTEŚ?
Koleżanką Tary,
Darcy i Elle

IMIĘ I NAZWISKO:
Pan Ajayi
KIM JESTEŚ?
Nauczycielem sztuki

IMIĘ I NAZWISKO:
Pan Farouk
KIM JESTEŚ?
Nauczycielem fizyki

IMIĘ I NAZWISKO:
Nellie
KIM JESTEŚ?
Psem Nicka

UK
10:10
100%
tara.jones.xo
YES
72 użytkowników lubi to
tara.jones.xo dziś są moje urodziiiiny
darcytheegg trochę gejowskie
tara.jones.xo @darcytheegg i bardzo dobrze
UK
10:10
darcytheegg
54 użytkowników lubi to
darcytheegg wszystkiego najlepszego moja piękna dziewczyno
tara.jones.xo SKASUJ TO
darcytheegg @tara.jones.xo przecież tak pięknie wyglądasz!!!!
tara.jones.xo @darcytheegg zniszczę cię

Pokój Nicka

widok A

widok B

Najważniejsze elementy:

Lampki choinkowe

Nick zawiesił lampki w pokoju na Boże Narodzenie i zapominał je zdjąć przez trzy miesiące. W końcu postanowił zostawić je na zawsze!

Puf

Wygodny, miękki puf leży tu od lat. Nick czasem na nim siada, ale służy głównie jako ulubione legowisko Nellie Nelson.

Plakaty

Oprócz plakatów ulubionych filmów Nick ma też plakaty swoich ulubionych sportów: rugby i wyścigów samochodowych.

Pokój Charliego

widok A

widok B

Najważniejsze elementy:

Elektroniczna perkusja

Charlie zaczął się uczyć grać na perkusji w wieku 9 lat. Nie ma ambicji, by zostać muzykiem czy być w zespole, ale wciąż lubi grać, zwłaszcza żeby się odstresować.

Półki z książkami

Charlie najbardziej lubi czytać. Czyta książki wszelkich gatunków, zwłaszcza jeśli wśród postaci są osoby homoseksualne, ale najbardziej interesuje go literatura starożytnej Grecji.

Plakaty

Oprócz plakatów jego ulubionych zespołów, na jego ścianach wiszą plakaty dwóch spośród jego ulubionych książek: *Iliady* Homera i *Powrotu do Brideshead* Evelyna Waugha.

🌸 Pierwszy dzień 🌸
Mini-Komiks ze świata Heartstopper

WRZESIEŃ POPRZEDNIEGO ROKU...

Koniec

Od autorki

Oto i dotarliśmy do trzeciego tomu *Heartstoppera*! Wydawałoby się, że dopiero co trzymałam w domu dwa tysiące egzemplarzy książek, gotowych do wysyłki do moich patronów na Kickstarterze. A jednak wiele się od tego czasu wydarzyło!

Ten tom zaczyna się w momencie, w którym Nick i Charlie są już w stałym związku, ale wciąż wiele muszą się o sobie dowiedzieć. Głęboko wierzę, że faza „stawania się parą" to tylko początek romansu i że dalej dzieje się bardzo wiele. Nick i Charlie dużą część tego tomu spędzili, poznając się głębiej – pisanie o tym było wielką radością. Cudownie było też lepiej poznać w tym rozdziale kilka pobocznych postaci! Tao, Elle, Tara, Darcy, nawet Aled, odgrywają tu większe role i mam nadzieję, że jeszcze lepiej poznamy ich w kolejnym tomie.

W tej części piszę też o poważnych problemach związanych ze zdrowiem psychicznym; zwłaszcza o samookaleczaniu i zaburzeniach odżywiania. Zdrowie psychiczne i choroba psychiczna to bardzo bliskie mi tematy, które poruszam we wszystkich swoich tekstach, chcę jednak, żeby *Heartstopper* skupiał się na wsparciu, ukojeniu i powrocie do zdrowia. Jeśli masz do czynienia z podobnymi problemami, nie wahaj się: zwróć się do kogoś, kogo kochasz – jak to zrobił Charlie – i/lub do lekarza. Możesz również poszukać pomocy i wsparcia w społecznościach internetowych takich jak:

Fundacja Dajemy Dzieciom Siłę: https://fdds.pl/
Fundacja eFkropka: https://ef.org.pl/

Przesyłam wiele miłości i najszczersze podziękowania onlajnowym czytelnikom *Heartstoppera*, moim patronom z serwisów Patreon i Kickstarter! To dzięki Wam ta seria może się rozwijać.

Dziękuję Rachel Wade, Alison Padley, Emily Thomas, Felicity Highet i wszystkim zaangażowanym w tworzenie *Heartstoppera* w Hachette – bardzo dziękuję za to, że dzięki Wam te książki stały się rzeczywistością! Jestem bardzo wdzięczna, że mogę pracować z tak oddaną i pełną pasji ekipą.

Bardzo dziękuję mojej agentce Claire Wilson, która prowadzi mnie przez świat książek.

I jak zwykle dziękuję Tobie, drogi czytelniku! Do zobaczenia niedługo!

Alice
x